Focas, leones mari...

libro animado pa...

Billy Grinslott & Libros Kinsey Marie

ISBN - 9781965098332

La foca monje del Mediterráneo es uno de los mamíferos marinos más raros del mundo. Sólo hay unas 700 focas monje del Mediterráneo. Se encuentran alrededor del mar Mediterráneo y la costa noroeste de África. Son focas sin orejas. No pueden oír bien en tierra, pero tienen un oído excelente en el agua. Las focas monje del Mediterráneo nadan tan rápido y ágil que pueden superar a un tiburón.

Las focas monje hawaianas viven alrededor de las islas hawaianas y del atolón Johnston. Se deshacen de su capa superior de pelo cada año. Pueden sumergirse a más de 1.800 pies y permanecer bajo el agua hasta 20 minutos. Les gusta dormir en las playas durante días seguidos. Todas las focas monje prefieren el agua tropical cálida, no el agua fría como otras focas. No pueden girar sus aletas traseras debajo del cuerpo, como otras focas.

Las focas de Ross tienen una cabeza más pequeña y ancha, con un hocico corto. También tienen una boca pequeña y el pelo más corto de todas las focas. Las focas de Ross viven en las aguas del Océano Austral que rodean la Antártida y algunas islas subantárticas. Se sabe que las focas de Ross emiten trinos distintivos. Pueden bucear hasta 2500 pies y permanecer bajo el agua hasta 30 minutos.

Los elefantes marinos reciben su nombre porque su nariz es como la trompa de un elefante. Los elefantes marinos machos pesan tanto como un camión pequeño o una furgoneta de carga. Los elefantes marinos pasan hasta el 80% de su vida en el océano. Pueden contener la respiración durante más de 100 minutos mientras nadan. Pueden nadar 60 millas por día. Los elefantes marinos viven sólo dos meses al año en tierra. Son la foca más grande del mundo.

Las focas leopardo recibieron su nombre porque tienen manchas como las de un leopardo. Las focas leopardo son la tercera foca más grande del mundo. A veces, la sonrisa de la foca leopardo. Las focas leopardo cantan bajo el agua. Se sabe que dan pescado a los humanos. Las focas leopardo a veces juegan con su comida como lo hacen los niños. Las focas leopardo pueden contener la respiración durante unos 15 minutos mientras nadan.

Las focas cangrejeras en realidad no comen cangrejos. Las focas cangrejeras tienen una adaptación única para alimentarse. Han desarrollado una estructura dental similar a un tamiz que filtra el krill. Aspiran agua que contiene krill, cierran las mandíbulas y luego fuerzan el agua a salir entre sus dientes especializados, atrapando el krill en su interior.

Las focas encapuchadas viven en las frías aguas del Atlántico Norte y del Océano Ártico. Los machos adultos son conocidos por la cavidad elástica o capucha en la nariz, que pueden inflar para que parezca un globo rojo brillante. Las focas encapuchadas también se conocen como focas de nariz de vejiga. Las focas encapuchadas miden aproximadamente 8,5 pies de largo y pesan alrededor de 750 libras. Tienen pelaje gris plateado con manchas más oscuras de diferentes tamaños y formas en todo el cuerpo.

Las focas de Weddell viven más al sur que todos los mamíferos. Las focas de Weddell son las más estudiadas de todas las especies de focas. Las hembras son un poco más grandes que los machos. Viven alrededor de la Antártida en el Océano Austral. Mantienen abiertos los orificios para respirar en el hielo raspando con los dientes hacia adelante y hacia atrás, lo que les permite vivir en áreas cubiertas de hielo. Tienen ojos grandes que les ayudan a buscar comida en el mar donde la luz es limitada. Las focas de Weddell pueden sumergirse a 1900 pies y permanecer bajo el agua durante 80 minutos.

Hay 5 tipos diferentes de focas de puerto. Tienen una amplia gama de variaciones de color. Las focas comunes rara vez interactúan entre sí. Las focas nadan con un movimiento alternativo de hacia adelante y hacia atrás con sus aletas traseras. Pueden permanecer bajo el agua durante 30 minutos. Las focas comunes son curiosas pero tímidas y prefieren zonas tranquilas. Son una de las focas más comunes. Tienen el rango geográfico más grande de cualquier foca. Las focas comunes pueden nadar en agua dulce o salada.

La foca barbuda debe su nombre a sus largos bigotes que parecen una barba. Las focas barbudas son la especie de foca más grande del Ártico, alcanzando una longitud máxima de 8 pies y un peso de 950 libras. Las crías de foca barbuda pueden nadar y bucear hasta 6560 pies a las pocas horas de nacer. Las focas barbudas son muy vocales y crean trinos que se pueden escuchar hasta a 12 millas de distancia. Las focas barbudas pueden dormir verticalmente en el océano con la cabeza justo por encima de la superficie.

Las focas manchadas tienen un cuerpo pequeño, una cabeza redondeada y aletas cortas. El pelaje de los adultos tiene manchas oscuras sobre gris claro a plateado. Las focas manchadas son relativamente tímidas y difíciles de abordar. Los grupos más grandes de focas manchadas se pueden encontrar en Alaska. Las focas manchadas se sumergen a profundidades de hasta 1000 pies. Pueden nadar bajo el agua durante 30 minutos o más, sin salir a tomar aire. Las crías de foca manchada nacen con un pelaje blanco y esponjoso.

Las focas anilladas reciben su nombre de los anillos circulares de su abrigo de piel. Las focas anilladas pueden vivir en áreas que están completamente cubiertas de hielo. Usan sus afiladas garras para crear y mantener sus propios agujeros para respirar a través del hielo. La foca anillada es la más pequeña de todas las especies de focas vivas. Vive en el hielo y el océano del Mar Ártico. Las hembras de foca anillada crean guaridas para sus crías en la superficie del hielo marino, que les brindan protección contra las condiciones climáticas extremas y los depredadores.

La foca del Caspio es uno de los miembros más pequeños de la familia de las focas sin orejas. Las focas del Caspio, son el único mamífero marino que vive en el Mar Caspio. Las focas del Caspio tienden a vivir en grandes grupos. Las focas del Caspio son buceadoras poco profundas y no les gustan las aguas profundas. Las crías de foca del Caspio no pueden entrar al agua hasta que mudan y obtienen su pelaje adulto, porque el pelaje de su cría no está aislado y si se mojan se congelarán.

Las focas del Baikal viven en Siberia y no se encuentran en ningún otro lugar del mundo. Las focas del Baikal pueden sumergirse a 1.300 pies. Pueden permanecer bajo el agua durante 70 minutos. Tienen ojos grandes para ver mejor a mayor profundidad, utilizan sus bigotes para localizar la comida. Las focas del Baikal son la especie de foca más pequeña. Tienen pelaje gris plateado. Las focas del Baikal pueden dar a luz gemelos, una de las pocas especies de focas que lo hace.

El sello de cinta tiene un patrón de pelaje distintivo de bandas o cintas de colores claros sobre un fondo oscuro. Las focas listón viven en el Océano Pacífico Norte y el Océano Ártico. Las focas listón pasan la mayor parte de su tiempo en mar abierto y sobre hielo. Los adultos de foca listón miden entre 5 y 6 pies de largo y pesan entre 200 y 330 libras. Las focas de cinta se mueven sobre el hielo con un movimiento similar al de una oruga. Alternan movimientos de las aletas delanteras para impulsarse hacia adelante mientras mueven la cabeza y las caderas de lado a lado.

Las crías de foca arpa nacen con pelaje blanco. Los cachorros mudan su pelaje blanco después de unas cuatro semanas. Las focas arpa pueden permanecer bajo el agua 16 minutos seguidos. Las focas arpa reciben su nombre por la mancha negra curvada en su espalda, que se asemeja a un arpa. Las crías de foca arpa llaman a sus madres gritando. Tienen más de 19 convocatorias diferentes. Las focas arpa prefieren permanecer en el agua. Pueden sumergirse a profundidades de 1300 pies. Las focas arpa son animales sociables que disfrutan de la compañía de otras focas.

Los lobos marinos sudamericanos son de color marrón oscuro o gris. Cuando maduran, desarrollan un pelaje más largo alrededor de los hombros y el cuello. Son animales sociales y viven uno al lado del otro en las rocas que se encuentran a lo largo de la costa. Estas focas suelen pescar durante la noche en grupos. Viven en las costas del Pacífico y del Atlántico de América del Sur. Estas focas son muy juguetonas y reciben el sobrenombre de perros del mar debido a su alegría como perros.

Los lobos marinos subantárticos se pueden encontrar en los océanos Atlántico Sur e Índico, viven en islas. Se sabe que migran a más de 300 millas de distancia para buscar comida. Los lobos marinos subantárticos parecen tener una máscara facial, con un cuerpo de color marrón oscuro y un pelaje de color crema alrededor de la cara y el cuello.

El lobo marino pardo pertenece a una especie de foca grande de Australia y Sudáfrica. Los lobos marinos pardos son diurnos, están activos durante el día y duermen durante la noche. Les gusta compartir la misma zona todos los años, viven en grupos llamados colonias. El lobo marino marrón es el miembro más grande de la familia de los lobos marinos. Tienen orejeras externas, a diferencia de muchas focas. Los lobos marinos marrones son comunes, hay más de 2 millones en todo el mundo. Mientras busca alimento, el lobo marino marrón puede sumergirse hasta 270 pies.

Los lobos marinos antárticos se distribuyen principalmente en islas subantárticas. Los machos adultos son de color marrón oscuro, las hembras y los juveniles son de color gris. Los cachorros son negros cuando nacen y adquieren un color gris plateado cuando tienen entre 2 y 3 meses de edad. Los lobos marinos antárticos casi se extinguieron. Ahora, los lobos marinos antárticos son la especie más abundante de lobos finos. Hay una población estimada de 4 millones de focas.

La foca gris se encuentra en el Océano Atlántico Norte. Las focas grises pasan la mayor parte de su tiempo en el mar alimentándose de peces. Las focas grises dan a luz a crías blancas y esponjosas. Los cachorros permanecen en tierra hasta que pierden su bata blanca. Las focas grises normalmente bucean en aguas poco profundas, pero se sumergen hasta 1300 pies. Las focas grises se sumergen bajo el agua durante 30 minutos. Las focas grises pueden pasar más de dos días en el mar.

Los lobos marinos de Galápagos se encuentran típicamente en las costas rocosas de las islas occidentales de Galápagos. Los lobos marinos de Galápagos tienen grandes aletas delanteras. Su pelaje es denso y consta de dos capas de pelo que varían del marrón al gris. Las hembras permanecen con sus crías recién nacidas durante una semana antes de salir a alimentarlas. Los lobos marinos de Galápagos tienen ojos grandes para poder nadar de noche. Son las más pequeñas de todas las focas.

El lobo marino de Juan Fernández es el segundo más pequeño de los lobos marinos. Se encuentran únicamente en la costa del Pacífico de América del Sur, más específicamente en las islas Juan Fernández y otras islas frente a la costa de Chile. Las madres permanecerán con sus cachorros durante 11 días después de tener un cachorro, esto es más tiempo que cualquier otro lobo marino.

El lobo marino de Guadalupe estuvo casi extinto en la década de 1880, con una población de sólo 7 individuos. Las madres y las crías de todas las focas se identifican entre sí mediante vocalizaciones, ruidos y olores únicos. Los lobos marinos de Guadalupe se encuentran en cuevas y hábitats rocosos costeros en las aguas tropicales de California y México. Los lobos marinos de Guadalupe crecen hasta una longitud máxima de 7 pies y un peso de 400 libras.

Las focas peleteras de Nueva Zelanda tienen una nariz puntiaguda, a diferencia de otras focas. Su pelaje es de color gris oscuro a marrón. Cuando están mojados, parecen casi negros. Pueden bucear más profundamente y por más tiempo que cualquier otra especie de lobo marino. Cuando las focas levantan sus aletas delanteras y traseras fuera del agua, este es un comportamiento conocido como malabarismo. Lo hacen para secarse y mantenerse calientes arrojando o sacudiendo el agua fría. Algo así como un perro cuando se sacuden para sacar el agua.

Los lobos marinos del norte son conocidos por su espeso pelaje marrón, que les da su nombre. Hay alrededor de 300.000 pelos en cada centímetro cuadrado de su cuerpo. Los lobos finos del norte adultos pasan más de 300 días al año en el mar. A los machos adultos les crecen melenas cortas y tupidas con pelaje de color más claro alrededor del cuello y los hombros. Los lobos marinos del norte habitan en el Océano Pacífico Norte desde el sur de California hasta Japón y hasta el Mar de Bering.

Los leones marinos australianos se encuentran a lo largo de las costas sur y oeste de Australia. También son una de las focas más raras del mundo. Mientras que los leones marinos australianos machos viajan largas distancias, las hembras rara vez se mueven del lugar donde nacieron. Son personas hogareñas y les gusta quedarse en un área. Son muy sociables y se reúnen en grandes colonias en tierra.

Los leones marinos de California son conocidos por su inteligencia, su alegría y sus ruidosos ladridos o berridos. Sus ladridos penetrantes se pueden escuchar desde bastante distancia. El color de su pelaje varía desde el marrón que se ve en los machos hasta un marrón claro dorado más claro que se ve en las hembras. Los leones marinos de California se encuentran desde la isla de Vancouver en Columbia Británica hasta el extremo sur de Baja California en México. También viven en las Islas Galápagos.

Los leones marinos de Galápagos se encuentran en dos lugares, las Islas Galápagos y la Isla de la Plata, que está a unas 25 millas de la costa de Ecuador. Son uno de los pocos mamíferos marinos que viven en Galápagos. Se mantienen relativamente cerca de la costa y no les gusta mucho aventurarse mar adentro. Los lobos marinos de Galápagos no le temen a la gente. A los jóvenes lobos marinos de Galápagos les encanta nadar con la gente.

Los leones marinos japoneses eran considerados un pariente o una subespecie del león marino de California. En la década de 1970, el león marino japonés se extinguió. Debido a la sobrepesca y daños a su hábitat y zonas de alimentación. Hay otras especies de focas y leones marinos que podrían enfrentarse a la extinción, como el león marino japonés, si no ayudamos a protegerlos.

Los leones marinos de Nueva Zelanda son una de las especies de leones marinos más raras del mundo y sólo se encuentran en Nueva Zelanda. El león marino de Nueva Zelanda es uno de los animales más grandes que se encuentran en Nueva Zelanda. El león marino de Nueva Zelanda cuenta con alrededor de 12.000 ejemplares y es una de las especies de lobos marinos más raras del mundo.

Los leones marinos sudamericanos se pueden encontrar a lo largo de las costas y las islas costeras de América del Sur. En tierra, los leones marinos utilizan sus aletas traseras para caminar, trepar y galopar, y pueden moverse sorprendentemente rápido. Los leones marinos duermen tanto de día como de noche y pueden dormir dentro o fuera del agua. Los machos adultos tienen una cabeza grande y una melena como la de un león.

Los leones marinos de Steller se pueden encontrar a lo largo del Océano Pacífico Norte. Los machos adultos pueden medir hasta 11 pies de largo y pesar hasta 2500 libras. Las hembras adultas miden 9 pies de largo y pesan hasta 800 libras. Los machos adultos tienen pelo largo y áspero en el pecho, los hombros y la espalda. Los leones marinos de Steller son la especie de leones marinos más grande del mundo. Los leones marinos de Steller son de color marrón dorado.

Hay 2 tipos de morsas, las del Atlántico y las del Pacífico. Tanto las morsas machos como las hembras tienen colmillos largos. Las madres morsas son muy protectoras con sus crías. Una morsa puede vivir hasta los 40 años. A las morsas no les gusta nadar en aguas profundas. Las morsas descansan sobre el hielo o en la orilla. Gruesas capas de grasa protegen a las morsas de las frías temperaturas árticas. Las morsas pesan hasta 1,5 toneladas, tanto como algunos coches. Las morsas pueden dormir en el agua. Son muy sociables y les gusta pasar el rato con sus amigos.

Datos curiosos sobre focas y leones marinos

Las focas utilizan chasquidos o trinos para comunicarse.

Sus llamadas se conocen como ladridos como los de un perro.

Tienen grasa para mantenerse calientes en agua fría.

La foca más grande puede pesar más de 8.000 libras.

Las focas más grandes pueden medir 21 pies de largo.

Las focas viven una media de 20 a 30 años.

Las focas comen pescado, aves y mariscos.

Las focas macho se llaman toros.

Las hembras se llaman vacas.

Las crías de foca se llaman crías.

Las focas y los leones marinos pueden aprender trucos.

Datos curiosos sobre focas y leones marinos

Algunas focas pueden sumergirse a grandes profundidades.

Algunas focas pueden permanecer bajo el agua hasta 80 minutos.

Las focas pueden dormir en el agua y en la tierra.

Ellas pueden ver tanto arriba como en el agua.

Los leones marinos no pueden oler bajo el agua.

En tierra utilizan sus aletas para caminar.

Los leones marinos producen fuertes rugidos como los leones.

Algunos leones marinos tienen melenas como las de los leones.

En tierra, respiran por la nariz.

Sus fosas nasales se cierran cuando se sumergen bajo el agua.

Cuál es la diferencia entre focas y leones marinos

Las focas, los leones marinos y las morsas son pinnípedos, lo que significa patas de aletas en latín.

Los leones marinos caminan sobre la tierra usando sus grandes aletas. Las focas tienen aletas pequeñas y se mueven sobre el vientre en la tierra o el hielo.

Los leones marinos tienen pequeñas aletas para las orejas exteriores. Las focas carecen de orejas externas. Tienen pequeños agujeros a los lados de la cabeza para los canales auditivos.

Los leones marinos ladran fuerte y hacen mucho ruido. Las focas son más silenciosas y vocalizan con suaves gruñidos y otros ruidos parloteantes.

Los leones marinos prefieren estar en tierra. A las focas les encanta estar en el agua.

Las aletas traseras de las focas se inclinan hacia atrás y no giran por debajo. Esto los hace rápidos en el agua pero se arrastran sobre el hielo o la tierra.

Los leones marinos pueden caminar sobre tierra girando sus aletas traseras hacia adelante y debajo de sus cuerpos. Por eso es más probable que se los vea en espectáculos.

Página de autor

Billy Grinslott & Kinsey Marie Books

Derecho de copia, todos los derechos reservados

ISBN - 9781965098332

Made in the USA
Coppell, TX
21 December 2024